UNIVERSITÉ CATHOLIQUE DE PARIS

SÉANCE DE DISTRIBUTION DES PRIX

RAPPORT

LU AU NOM

DE LA FACULTÉ DE DROIT

LE 29 JANVIER 1879

Par JULES CAUVIÈRE

ANCIEN MAGISTRAT

PARIS

TYPOGRAPHIE A. LAHURE

9, RUE DE FLEURUS, 9

1879

RAPPORT

LU AU NOM

DE LA FACULTÉ DE DROIT

DU MÊME AUTEUR :

Étude sur les Partages d'ascendants.

Berryer : Sa Vie judiciaire. — (*Discours prononcé en séance de rentrée*).

Chateaubriand : (*Discours prononcé en séance de rentrée.*)

.22 917. — Paris. Typographie A. Lahure, rue de Fleurus, 9.

UNIVERSITÉ CATHOLIQUE DE PARIS

SÉANCE DE DISTRIBUTION DES PRIX

RAPPORT

LU AU NOM

DE LA FACULTÉ DE DROIT

LE 29 JANVIER 1879

Par **JULES CAUVIÈRE**

ANCIEN MAGISTRAT

PARIS

TYPOGRAPHIE A. LAHURE

9, RUE DE FLEURUS, 9

—

1879

UNIVERSITÉ CATHOLIQUE DE PARIS

SÉANCE DE DISTRIBUTION DES PRIX

RAPPORT

LU AU NOM

DE LA FACULTÉ DE DROIT

LE 29 JANVIER 1879

ÉMINENCES, MESSEIGNEURS, MESSIEURS,

Pour la troisième fois depuis sa fondation, la Faculté de droit vient vous soumettre le compte rendu de ses travaux. Vous la jugerez selon ses œuvres. Elle ne compte point encore ces quinze années qui, dans des temps non moins agités que les nôtres, paraissaient à l'historien romain une longue étape dans la vie. Elle date de trois ans à peine et néanmoins pendant cet intervalle elle a tenté de nombreux efforts, réuni au pied de ses chaires une sympathique jeunesse, commencé à recueillir le fruit de ses enseignements chrétiens. Naguère encore, nous voyions les carrières publiques s'ouvrir à une génération d'étudiants que nous avons formée tout entière, dont nous avons dirigé les pas du seuil de leurs études à la licence, qui en est le terme régulier. C'est à eux surtout qu'il appartiendra d'apprendre au public ce que nous sommes. Leur influence sociale sera notre œuvre; tôt ou tard elle sera prise à témoin pour nous défendre ou pour nous accuser. En attendant le jugement que l'avenir portera sur l'ensemble de nos actes, nous devons, Messeigneurs, déférer à votre appréciation le détail des travaux qui depuis un an ont exercé notre activité et celle de nos élèves.

Au nombre des éléments qui vous permettront de décider si nous avons ou non failli à notre tâche, figure en première ligne l'exposé du résultat des concours.

PREMIÈRE ANNÉE

La première année a donné une idée favorable de sa valeur présente, une idée meilleure encore de sa valeur à venir. A travers ses premiers tâtonnements, on aperçoit nettement la trace de l'intelligence et du travail. Qu'il nous soit permis toutefois d'exprimer un regret! C'est qu'un certain nombre de nos brillants élèves, de ceux qui ont le plus honorablement conquis leurs premiers degrés, aient renoncé à concourir. Plusieurs ont obéi, nous le savons, à un sentiment de défiance excessive. D'autres ont eu, le jour même des concours, la fâcheuse coïncidence d'examens à préparer ou à subir. Il n'en faut pas moins déplorer leur abstention. Il n'est pas douteux en effet que leur participation à la lutte n'eût relevé le niveau des épreuves, soit que le sujet les eût inspirés mieux que leurs condisciples, soit que leur présence eût excité une émulation salutaire et forcé à se surpasser les vainqueurs que nous couronnons aujourd'hui.

CONCOURS DE DROIT ROMAIN.

Le sujet désigné par le sort donnait à exposer la condition de l'impubère et celle du mineur de vingt-cinq ans.

M. des Rotours débute, non par un premier, mais par un second prix. C'est d'une main avare, on le voit, que la Faculté a mesuré sa récompense. Cette rigueur se justifie. Le jeune auteur, qui a pris pour devise : *Qui ne sut se borner ne sut jamais écrire*, a fait, semble-t-il, de cette maxime une application mal entendue. Il est trop court dans la forme et dans le fond. D'ailleurs, son plan est bien tracé, il touche aux points essentiels, il ne paye à l'erreur qu'un tribut insignifiant. Il n'a manqué à son travail qu'un cachet plus personnel et des développements plus riches pour mériter la plus haute récompense. Ce succès tempéré sera pour le lauréat un avertissement et aussi un gage. Pour remporter une première palme, il n'aura qu'à pousser avec vigueur des études qu'il a jusqu'ici conduites avec une sage application.

Plus saisissante au premier abord est la composition de M. Jean-Baptiste Morisson de la Bassetière. Outre la netteté et les détails heureux l'auteur y montre un fond sérieux de connaissances. Ce qui tourne à la sécheresse sous la plume de son compétiteur est plutôt concision sous la sienne. Malheureusement, il ne tient pas jusqu'à la fin ses promesses du début. Il a des omissions, notamment sur la loi *Plætoria*. Il a aussi des erreurs. Il brouille la matière de l'*in integrum restitutio* plus qu'il n'est permis à un étudiant de première année de le faire. Je ne relève pas dans son exergue une inexactitude de citation qui le rend justiciable de la Faculté des lettres. *Audaces fortuna juvat :* telle est l'altération qu'il fait subir à la pure expression du poète[1]. En dépit de Minerve, M. de la Bassetière obtient la première mention.

De cette distinction à la suivante, la transition est à peine sensible. Les trois lauréats se serrent de près et se tiennent comme par la main. M. Imbard-Latour, qui cite aussi fort librement, a mis en tête de sa copie : *Labor improbus omnia vincit*[2]. Il n'aurait pas eu besoin de grands efforts pour apprendre à grouper ses idées dans un meilleur ordre. D'ailleurs son étude

1. Audentes fortuna juvat (*Æneid.* lib. x, v. 286).
2. .... Labor omnia vicit.
   Improbus (*Georg.* lib. i, v, 148).

offre des parties brillantes. Le double rôle du tuteur, selon qu'il procède par voie d'*auctoritas* ou par voie de *negotiorum gestio*, est exposé par lui mieux que par aucun autre. Si le travail du candidat s'était partout soutenu à cette hauteur, la détermination des rangs en aurait été modifiée à son profit.

CONCOURS DE DROIT FRANÇAIS.

Les candidats ont traité *des effets de l'interdiction légale comparés à ceux de l'interdiction judiciaire.*

Dans ce cadre un peu limité, les hautes facultés pouvaient difficilement déployer leur essor. A défaut de l'élévation des vues, les concurrents ont fait preuve de réflexion, de justesse d'esprit, de bon savoir. Cinq d'entre eux ont remis des travaux marquants. Le reste a atteint le niveau moyen du mérite honnête. On peut dire que dans leurs rangs on ne compte pas d'*irréguliers*.

La priorité du rang appartient à M. René Blin des Cormiers. Netteté dans le plan, précision dans le style, exactitude à tout dire, art de le dire sobrement, tels sont les titres qu'il pouvait invoquer à la flatteuse distinction d'un premier prix.

Ici comme en droit romain, M. de la Bassetière occupe honorablement la seconde place. C'est par les qualités d'ensemble que son travail est inférieur au précédent. Substantiel et nourri comme celui-ci, il n'enchaîne pas aussi fortement les solutions aux principes. Il a moins de largeur dans l'exposition, moins d'ampleur aussi dans le style. Entre les deux émules le doute n'était pas permis.

La première mention échoit à M. Henri Hello. Son étude, d'ailleurs inachevée, unit la clarté à l'élégance.

Jusque-là l'accord des membres de la Commission avait été unanime. L'entente a failli se rompre quand il s'est agi de décerner la seconde mention.

Sans doute, c'est d'une commune voix que M. Lucien Normand a été désigné pour y prendre part. Son œuvre est correcte; elle atteste une aptitude réelle secondée par un effort persévérant. Mais des scrupules se sont éveillés à l'idée d'admettre *ex æquo* avec lui M. Ferdinand Lagny.

Que n'avait pas ce candidat pour séduire les juges? une originalité vraie, un art déjà savant à composer un sujet, des aperçus nouveaux, un agrément de style qui serait à souhait s'il ne formait un contraste un peu vif avec la gravité de la langue juridique. Par malheur une énorme tache dépare ce brillant morceau. L'auteur a confondu la dégradation civique avec l'interdiction légale. C'était commettre une erreur à double portée, c'était bouleverser en ces matières l'économie du droit criminel et du droit civil. Tout bien pesé cependant, le jury s'est montré facile. Il a redit ses classiques :

> Ubi plura nitent in carmine, non ego paucis
> Offendar maculis.

Ici la tache était unique; mais à voir toutes celles qu'elle résume, on eût pu l'appeler légion.

CONCOURS DE DROIT CRIMINEL.

Une mesure récente a pourvu aux loisirs de la première année en avançant la date de l'examen de droit criminel. Cette réforme, pour être complète, aurait dû faire dans le cadre laissé vide une place, si modeste fût-elle, au second examen de droit romain. L'obligation d'assiduité au cours aurait ainsi reçu une sanction prochaine, seul genre de sanction qui puisse avoir une pleine efficacité. Quoi qu'il en soit, félicitons-nous de ce que l'innovation nous permet de couronner un concours de plus.

Nous ne l'oublions pas, en effet, Messeigneurs, grâce à votre munificence, notre Université a le privilège d'ouvrir des concours non seulement pour chaque année d'études, mais en tel nombre que le comporte la multiplicité des matières inscrites au programme de chaque examen.

Les candidats ont eu à traiter la vaste et féconde question de la *complicité*. Il suffit d'avoir séjourné quelque temps dans les rangs de la magistrature ou du barreau pour savoir à quelles difficultés on se heurte, lorsqu'on descend en cette matière des généralités un peu vagues de la théorie au détail épineux des espèces. On touche alors à de redoutables problèmes, dont quelques-uns sont mal éclaircis et bien dignes de tenter l'effort d'une curiosité intelligente. Si nos jeunes gens pour la plupart n'ont pas suivi cette impulsion, s'ils se sont détournés des hauteurs du sujet, s'ils ont évité les pas difficiles, si, en un mot, ils sont restés inférieurs à leurs devanciers, l'excuse en est tout d'abord à leur jeune âge. On peut invoquer aussi à leur décharge l'accroissement indéfini que reçoit l'ensemble des programmes. A mesure que les étudiants voient de nouvelles matières y prendre place pour le présent ou pour l'avenir, ils réagissent à leur manière contre cette accumulation. Ils font trop aisément le départ du principal et de l'accessoire dans les diverses branches de l'enseignement. D'ailleurs il serait injuste de croire que le droit criminel ait été négligé par tous les candidats. Quatre d'entre eux ont déposé des travaux d'une valeur sérieuse, pour lesquels la récompense décernée ne doit pas être mise au rang d'un prix d'encouragement.

Je parle de prix. M. Hello obtient le seul qui sera donné et qui, par une décision équitablement bienveillante, recevra la qualification de premier prix. Il y aurait excès à dire que le lauréat a déployé sa plus grande vigueur d'esprit ou mis sous leur jour le plus brillant ses facultés de composition ou de méthode. La sagacité des vues et le tour heureux de l'esprit mis à part, on peut dire qu'il a écrit une dissertation facile plutôt qu'il n'a produit une composition savante. On en caractérisera le mérite d'un mot. Elle est exempte de défauts ; c'est sa maîtresse qualité.

Si M. Hello monte en rang, M. des Rotours déchoit. Son laurier se réduit ici à une première mention. Tout en présentant le sujet avec intelligence et netteté, il pèche par l'agencement des parties. Il commet des oublis que son rival évite. C'est ainsi qu'il omet de parler de l'influence des circonstances aggravantes sur la peine infligée au complice; c'est ainsi qu'il se tait sur la complicité en matière de tentative. De pareilles lacunes sont malaisées à comprendre. Elles auraient suffi à reléguer à un rang secondaire cette copie et la suivante.

M. Croisille, qui est honoré d'une seconde mention et qui la mérite à plusieurs titres, rivalise avec M. des Rotours par les défauts, mais aussi par les qualités. A une connaissance exacte de la question posée, à une exposition claire, à une précision ingénieuse, il mêle des oublis regrettables et, qui plus est, des erreurs qui ne sont pas sans gravité. Il semble dès le début qu'il a craint de manquer d'haleine. Voulant gagner de l'avance, il accumule les généralités et se répand en considérations qui, pour être hors de propos, n'en sont guère plus philosophiques.

La maturité qui a trop souvent fait défaut aux élèves qu'on nommait *dupondii* avant Justinien, cette maturité que supplée rarement, dans l'étude du droit, la précocité native, s'acquiert heureusement avec rapidité d'une année à l'autre; elle se révèle avec éclat chez les aînés de nos étudiants.

SECONDE ANNÉE

Avant d'apprécier les essais de nos jeunes gens, il est une remarque opportune à faire. Plus que toute chose le temps et l'expérience ont leur part dans les progrès que nous constaterons. Mais il est certain aussi que les lauréats de cette année, qui sont pour la plupart des lauréats de l'an dernier, ont puisé un surcroît de vigueur dans le souvenir de leurs succès. Nouvelle preuve, ajoutée à tant d'autres, des fruits heureux qu'ont portés nos encouragements à l'étude, libéralement répandus sous la forme des concours!

CONCOURS DE DROIT CIVIL.

Grande était à certains égards la difficulté de la question posée : *De la faute et des risques en matière d'obligations conventionnelles.* Pour des esprits encore peu exercés dans l'étude du droit, la matière offrait des écueils qui avaient fait hésiter sur le choix plusieurs membres de la Faculté. Rappeler aujourd'hui cette appréhension, c'est faire le meilleur éloge des lauréats qui ont donné un heureux démenti à toutes les craintes.

Le premier prix est dévolu à M. Raymond Salleilles.

Un rare ensemble de mérites recommande son travail, qui est à peu près exempt des défauts de la jeunesse. Un préambule heureux amène sous sa plume une division simple et naturelle du sujet. Doué d'une maturité précoce, l'auteur n'analyse pas seulement avec sagacité, il a l'art plus savant de la synthèse. Après avoir dégagé les solutions de détail, il sait les faire rentrer dans des lois générales, *congregare omnia in unum*, selon la belle devise qu'il a choisie. On ne peut que louer la rigueur de ses déductions, la sûreté de sa méthode. Son style, qui a la simplicité sévère du sujet, se colore par moments et prend de l'éclat. Ce n'est point assez aux yeux de la commission de proclamer ce travail le premier entre les autres ; elle entend lui donner un gage de satisfaction plus absolu : elle le signale avec éloge.

Une haute valeur est encore l'apanage de l'œuvre que nous avons dû placer au second rang.

M. Arsène Laurent apporte à l'étude du droit des aptitudes remarquables. Il a le naturel et l'acquis, la pénétration et le savoir. Mais son étude n'offre pas l'élégante ordonnance et la lumineuse distribution qui ont rallié tous les suffrages à son rival. M. Laurent est d'ailleurs trop indifférent à la forme littéraire. On peut lui conseiller sans crainte un peu d'apprêt dans la diction.

MM. Edouard le Carpentier et Henri-Eugène Dunaime feront un partage d'honneurs et viendront en commun à la première mention. Leurs compositions ont un mérite égal tout en présentant une physionomie différente.

La première échapperait au reproche si l'auteur n'avait omis de diviser le sujet. La seconde atteste de la facilité, une mémoire intelligente et vaste. Elle renferme des parties brillamment traitées : de ce nombre est la théorie de la faute. Mais ce sont là des matériaux de choix qui ont été disposés sans symétrie, sans ordre apparent. L'auteur qui a su les réunir, a ignoré l'art de les construire.

La noble émulation qui a animé les concurrents, a suscité pour l'obtention de la mention suivante deux nouveaux compétiteurs *ex æquo*. Entre MM. Pierre-Louis Vignot et Henri de Grandmaison la Faculté, embarrassée de faire un choix, a résolu le conflit par un partage : *concursu partes fiunt.* Ce sera vrai de ce concours plus que d'aucun autre.

M. Vignot classe supérieurement ses idées. Il met au service d'une intelligence qui va droit au but, un talent de rédaction qui n'est pas vulgaire. Il paraît seulement s'être moins fié au travail qu'à ses aptitudes. En raison même de ce qu'elles sont, on aurait pu lui demander une étude plus forte et plus nourrie.

M. de Grandmaison se distingue par un savoir solide. Il a une vue claire et compréhensive du sujet. Il présente une bonne théorie des fautes et rapproche habilement le droit romain et le droit français. Qu'il mette plus de rigueur dans son plan, plus de relief dans son style, ses succès iront grandissant.

CONCOURS DE PROCEDURE CIVILE ET DE DROIT CRIMINEL.

Pour la dernière fois, les étudiants de seconde année pouvaient avoir à développer, au choix du sort, un sujet de droit criminel ou un sujet de procédure. C'est cette dernière Faculté, la seule maintenue sur le programme de leur examen, dont la désignation est sortie de l'urne. Il s'agissait de *définir et d'expliquer les différentes manières dont une instance peut prendre fin.*

Deux compositions seulement ont paru mériter une récompense, et encore n'ont-elles pas réalisé les espérances qu'avait fait concevoir le concours de droit français.

Entre ses camarades, comme il lui arrive souvent, M. Laurent tient la tête. Il n'obtient toutefois qu'un second prix. Ce n'est pas qu'il soit moins qu'à son ordinaire maître de son sujet. S'il ne s'élève pas, il creuse. Il est exact et juridique de tous points. Mais il a des lacunes et, par une compensation qui n'en est pas une, des longueurs. Ajoutons que, tout en réprouvant le style déclamatoire, on pourrait lui souhaiter, même en procédure, plus de chaleur dans l'expression. Tempérons ces critiques en mentionnant dans son travail un passage d'une portée judicieuse sur les causes d'extinction d'une instance, et à ce propos sur le danger que présente la durée indéfinie des procès. Il aurait pu citer M. de Maistre, et s'approprier avec quelque réserve un mot piquant sur la chose jugée. Le politique désintéressé « sait qu'il est un point où il faut s'arrêter. « Il sait que les longueurs interminables, les appels sans fin « et l'incertitude des propriétés sont, s'il est permis de s'ex- «.primer ainsi, plus injustes que l'injustice.[1] »

M. Albert Foucault est inférieur à M. Laurent, quoique M. Laurent soit au-dessous de lui-même. Une première mention reconnaîtra néanmoins l'effort intelligent que le second travail dénote. De bonnes pages, une en particulier sur la différence des effets de la péremption en première instance et en appel, feront pardonner plusieurs hors-d'œuvre et aussi quelques erreurs de pratique courante, que l'expérience du Palais corrigera sans doute, mais qu'aurait dû prévenir plus tôt l'enseignement reçu au cours

1. *Du Pape*, livre I, chap. i.

S'il en a coûté à la Faculté de laisser, l'an dernier, sans récompense des concours trouvés insuffisants, elle recueille aujourd'hui le fruit de sa prévoyante rigueur. La leçon a été comprise par une jeunesse qui ne laisse perdre aucun germe d'idée féconde, aucune semence salutaire. Aussi la plupart des mémoires qui nous ont été remis attestent-ils, nous aimons à le proclamer, une émulation de zèle, une précocité de réflexion, une sève de talent qui, pour nos jeunes gens, sont plus qu'une promesse, qui sont les prémices mêmes de leurs succès à venir.

Trois sortes d'épreuves appelaient les candidats en lice, un concours de droit romain, un concours de droit civil, un troisième concours enfin qui pouvait éventuellement porter sur le droit commercial ou sur le droit administratif.

CONCOURS DE DROIT ROMAIN.

Cette épreuve a été la première par ordre de date. Lorsqu'elle a eu lieu, la Faculté venait d'en reporter définitivement l'époque au commencement de la troisième année, au moment où se clôt la série des premiers examens de licence. Au lendemain d'une interrogation qui oblige les élèves à revoir le cours entier, il était permis de compter plus que jamais sur l'abondance de leurs souvenirs. On pouvait attendre d'eux de meilleurs travaux, espérer qu'ils donneraient toute leur mesure. L'événement n'a pas trompé nos calculs et nous avons eu l'occasion, toujours bienvenue, de décerner deux prix et deux mentions.

La question proposée touchait à l'ensemble du droit. Traiter *des contrats et des legs relatifs à la chose d'autrui*, c'était avoir un vaste champ pour développer ses connaissances positives,

comme aussi pour mettre en vue ses dons natifs de généra-
lisation. MM. Georges Digard et Louis Clotet se sont disputé la
première place.

En faisant pencher la balance en faveur de M. Digard, la
majorité de la commission ne s'_est pas dissimulé l'infériorité où
est resté à certains égards ce lauréat comparé à son concur-
rent. Des inexactitudes déparent son travail. Il faut reconnaître
qu'elles se résument pour la plupart en des erreurs de langage
devenues plus nombreuses vers la fin, à mesure que la rédaction
était plus hâtive. La partie relative aux legs est d'un mérite
inférieur à celle qui est consacrée aux contrats. Mais l'auteur
paraît avoir un sens très exercé du droit romain. Où son savoir
est à court, il supplée par des inductions d'une sagacité rare.
Joignez à cela une qualité plus appréciable chaque jour. Il
sait écrire. Il nuance avec art ses pensées. Il grave ou peint ce
qu'il veut dire.

Malgré ces avantages, peut-être M. Digard eût-il cédé la
prééminence à M. Clotet, si celui-ci eût joint à une érudition
de très bon aloi, à l'harmonieux accord du jugement et de la mémoire, de la facilité naturelle et du travail, l'élévation de vue
et la distinction de son rival. Mais s'il n'a ni la même ampleur
dans la conception du sujet ni la même élégance dans le détail,
qu'il se console; de rares et solides qualités demeurent son
partage.

Le mérite inégal des autres candidats a rendu à leur égard le
classement facile. M. Eugène Thibaut est appelé à la première
mention, M. Jean-Marie Leissen à la seconde.

M. Thibaut a fait évidemment de bonnes études en littérature
comme en droit. Il manie la langue avec sûreté. Il a un savoir
bien assis, des idées justes quoique peu profondes. Il trouve des
aperçus ingénieux dans la comparaison du droit romain et du
droit français. A cet égard son travail offre une source d'intérêt
qu'ont négligée ses condisciples.

M. Leissen a traité le sujet d'une manière trop succincte. Cette
considération à part, il sait beaucoup et sa plume ne le trahit
pas. Les pages qu'il consacre aux contrats innommés sont des
meilleures qu'il nous ait données. Elles font regretter que tout

dans son essai ne soit pas développé d'une façon égale et soutenue.

CONCOURS DE DROIT FRANÇAIS.

Le sort, tout aveugle qu'il est, a fait échoir la plus riche des questions proposées : *Des droits du vendeur de meubles non payés*. Quoique la fécondité du sujet nous fît espérer de bons travaux, le résultat du concours a encore dépassé notre attente.

Pour les deux prix que nous avions à décerner, il n'a pas été possible de les classer en premier et second. Malgré l'examen le plus attentif le jury n'a pu apercevoir de différence entre les deux meilleures compositions, celles de MM. Leissen et Clotet. Leur mérite comparatif obligeait à les admettre à rang égal. Leur mérite absolu réclamait un premier prix pour chacune d'elles.

Ainsi, par une singularité bien remarquable, deux médailles d'argent vont être distribuées dans un même concours. Qu'on ne nous accuse pas de déprécier de telles récompenses en les prodiguant! Pareille occasion reviendra à de trop rares intervalles pour qu'un précédent en ce genre soit dangereux à établir.

M. Leissen montre un savoir sûr et étendu, un ordre rare dans les idées, une conception vigoureuse du droit, une culture générale qui se traduit par une expression forte et condensée. Dans un sujet si vaste, le temps a failli au candidat plutôt que la mémoire pour discuter avec détail le classement des privilèges en conflit et approfondir la théorie de la revendication en droit commercial. Il n'importe! La Faculté ne saurait taire l'estime profonde que lui inspirent des études conduites avec tant d'énergie, alors que le jeune lauréat, pressé par la limite d'âge au seuil d'une carrière où il est brillamment entré depuis, a dû parcourir en deux années le cercle entier des matières du cours. Puisse cet exemple d'intrépidité au labeur ne point passer inaperçu pour les condisciples de M. Leissen ! Puissent-ils comprendre l'enseignement que leur donne un sentiment aussi précoce du but austère de la vie et de la loi providentielle du travail !

Comme M. Leissen son émule, M. Clotet s'élève en rang d'année en année. Comme lui, ses succès sont doublement méritoires. Il a une carrière déjà commencée, dont les devoirs abrégeraient son temps, si un effort de bonne volonté ne lui permettait d'allonger les heures. D'ailleurs nulle trace de précipitation dans ses études. Ses connaissances précises et bien digérées sont développées dans des proportions harmonieuses. Il a une tendance philosophique à remonter aux principes. Plusieurs de ses pages sont à signaler, notamment l'historique et l'exposé du sujet. Selon la loi commune d'ailleurs, il paye tribut à l'imperfection : il laisse subsister deux lacunes. Il oublie de classer les privilèges qu'il étudie et passe sous silence les effets du droit de rétention au regard des tiers.

M. Henri Noirot suit à quelque distance, honoré d'une distinction plus modeste, ses deux heureux compétiteurs. En vain, pour lui refuser une première mention, ferait-on la remarque que son début est long, son plan défectueux, son laconisme excessif sur le droit de rétention ; le candidat n'en témoigne pas moins d'un savoir sûr, exempt de lacunes, jeté dans le moule d'une bonne expression. Il convient d'ajouter que nul mieux que lui n'a présenté le tableau du droit commercial mis en parallèle avec le droit civil.

MM. Eugène Thibaut et Louis de la Bassetière ferment la marche comme MM. Leissen et Clotet l'ont ouverte, par une récompense ex æquo. S'il est des points omis et des développements tronqués dans l'œuvre du premier, en revanche toutes les questions controversées sont par lui déroulées avec un art sérieux de mise en œuvre, sous cette forme nette et concise qui est un de ses mérites distinctifs.

Son rival, M. de la Bassetière, sans se soutenir partout à la même hauteur, peut se faire honneur de fort bonnes pages, ne serait-ce que son introduction historique et ses développements relatifs au privilège du vendeur.

N'hésitons pas à le déclarer : les vaincus dans un pareil concours peuvent porter haut la tête ! Ceci soit dit à l'honneur de deux candidats qui ne viennent pas en rang utile. Ils peuvent se rendre ce témoignage que leurs compositions prises à part sont dignes de la plus sérieuse estime. La comparaison seule leur a nui. Mais, hélas! tout ce que peut faire la Faculté pour consoler leur infortune, c'est de la proclamer.

CONCOURS DE DROIT COMMERCIAL
ET DE DROIT ADMINISTRATIF.

Des deux sujets empruntés à chacune de ces facultés, c'est le sujet de droit commercial qui est sorti de l'urne. Il s'énonçait ainsi : *De la clause à ordre.*

Cinq étudiants seulement se sont présentés pour concourir. Que ce petit nombre ne fasse point pâlir le prestige des triomphateurs! En présence d'un sujet difficile, il est juste de supposer que le pressentiment de leur défaite a mis en fuite la majeure part des concurrents.

M. Louis de la Bassetière l'emporte sur ses condisciples. Son œuvre est d'une correction rare. Le sujet est bien compris, bien divisé, traité avec un vrai savoir et en même temps une sobriété qui exclut les détails inutiles. Sur ce fond sage et régulier se détachent quelques morceaux saillants, par exemple la comparaison entre la clause à ordre et la clause au porteur, ainsi encore l'exposé des différentes espèces d'endossements. N'était un style un peu sec et une regrettable lacune sur la garantie due en notre matière, l'auteur aurait atteint le point de perfection relative qui sera rarement dépassé dans les concours futurs.

M. Noirot n'obtient que le second prix, quoique, à première vue, la palme de l'érudition lui revienne de préférence. Mais qu'on y prenne garde! Dans le travail du brillant candidat il faut faire un choix. Il faut retrancher et mettre hors de compte de nombreuses superfluités. Ces digressions qu'accumule à plaisir, ce luxe que déploie une verve exubérante, M. de la Bassetière eût pu les étaler aussi. S'il ne l'a fait, c'est à dessein et pour rester modestement dans la sphère du sujet. Il a d'ailleurs pour lui la meilleure économie du plan, qui laisse à désirer chez M. Noirot et qui paraît même tracé après coup. Il peut invoquer aussi une netteté plus grande dans l'exposition, qui souffre chez son rival de l'abus de la métaphore et parfois de la diffusion.

Vient enfin, pour l'unique mention décernée, une copie portant une devise dont le sens échappe. Elle est due à M. Clotet. C'est un travail estimable à coup sûr, savant par endroits et d'une diction claire et correcte, mais que relèguent à un rang inférieur deux vices fondamentaux : l'inexactitude du point de départ, qui présente la clause à l'ordre comme une dérogation à la règle que nul ne peut stipuler pour autrui ; en second lieu, le manque de proportion qui fait partout déborder l'accessoire au détriment du principal.

En nous séparant de cette troisième année, qui a tenu si haut le drapeau de l'école, en présence de ces jeunes gens dont plusieurs vont prendre une direction qui les éloignera de nous, nous ne pouvons nous défendre d'un sentiment que vous tous qui êtes ici, Messeigneurs et Messieurs, ne manquerez pas de partager. Reportons-nous à l'époque où ils prenaient leur première inscription. Notre Université venait de naître, et déjà des prophètes de malheur annonçaient sa mort. Une hostilité qui ne désarme pas menaçait d'étouffer notre œuvre dans son germe, comme elle a conjuré depuis d'en arrêter les développements. Rien n'a pu ébranler la vaillante phalange, ni les menaces des événements, ni l'incertitude du succès, cette consécration que chacun demande aux autres et qui ne vient qu'avec le temps. N'écoutant que l'élan de leur cœur, ils sont venus à nous avant que l'épreuve ne fût faite, ils ont eu le courage avec la foi. Eh bien, par un retour providentiel, leur zèle a reçu sa récompense. Ils n'ont pas eu seulement l'honneur de leurs succès, la joie tout humaine de la réussite devant les deux juridictions auxquelles ils ont demandé leurs diplômes. Dieu leur a donné davantage : il leur a permis de consolider l'œuvre qui avait été fondée sous son invocation. Ils ont affermi par leur bonne renommée, ils ont grandi dans l'estime publique cette Université dont ils avaient été, eux aussi, les fondateurs. Un jour viendra, nous l'espérons, où ils couronneront leur œuvre. Lorsque leurs maîtres, en effet, lassés d'une tâche qui use vite, songeront à déposer le fardeau de l'enseignement, c'est, pour la majeure part, à des successeurs élus parmi eux qu'ils transmettront leur héritage. Où trouveraient-ils des mains plus dignes, où rencontreraient-ils des cœurs plus dévoués pour leur confier le précieux dépôt de nos traditions universitaires?

CONCOURS DE DOCTORAT.

Le concours de doctorat ouvert il y a un an n'a provoqué la rédaction d'aucun mémoire. Le fait, qui est fréquent dans les annales de toutes les Facultés, s'expliquerait au besoin dans la nôtre par les soins absorbants que réclame la préparation d'examens de tout temps considérés comme particulièrement difficiles à Paris.

La Faculté avait donné à traiter *des principes qui régissent la fortune mobilière au point de vue de l'acquisition, de l'administration et de la transmission des biens.*

Le sujet est maintenu à l'ordre du jour pour une année encore. La Faculté espère qu'un certain nombre d'élèves, aujourd'hui délivrés du souci des premières épreuves, n'hésiteront plus à prendre la plume. Ces mêmes examens, dont la perspective était hier un obstacle, doivent être aujourd'hui un encouragement pour eux. Le succès qu'ils ont obtenu leur inspirera une légitime confiance dans leurs forces.

Ne quittons pas la matière des examens sans donner au nom de la Faculté un témoignage de satisfaction à tous ses élèves, aspirants au baccalauréat, à la licence ou au doctorat. Une statistique récente démontrait qu'il y a une année à peine, sur la liste de nos candidats, le nombre des admissions dépassait la proportion moyenne. En constatant que le chiffre des refus est

ainsi descendu pour nos étudiants au-dessous du *minimum*
connu, il convient d'ajouter que sur la liste des victimes le jury
mixte peut revendiquer autant d'exécutions au moins que le
jury d'État.

Si nous relevons ces faits qui ont leur éloquence, notre unique but est de soutenir le courage de nos jeunes gens. Nous
voulons les disposer à la confiance; nous disons confiance, non
illusion. Ils se souviendront, en effet, que les triomphes d'examen ou de concours ne sont qu'un acheminement et une étape.
Ils poursuivront la science et non les diplômes; ils ne pren-
dront pas l'ombre pour le corps. La trempe de l'esprit comme
du caractère, la philosophie dans le savoir, un corps de doctrine
sûr et des habitudes laborieuses, voilà les biens auxquels ils
doivent tendre et que nous aurons pour notre part l'incessante
sante ambition de leur faire acquérir. C'est la poursuite de ce
but qui fera à tout événement notre dignité professionnelle.
On pourra entraver notre action, on pourra amoindrir notre
rôle, on ne réussira pas à l'abaisser; il faudrait pour cela nous
ravir les sentiments que nous avons au cœur.

Après avoir parlé du travail des élèves, donnons une mention
au travail des maîtres. Leur plus grave souci, leur occupation
à peu près exclusive a été de faire progresser leur enseignement.
A cet égard, leur activité se dérobe au public, elle est comme
ensevelie dans l'enceinte de l'école. En dehors de leurs cours, la
tâche que les professeurs se sont imposée de préférence, c'est la
direction des conférences destinées à former les jeunes gens à
la parole, les interrogations périodiques dans des leçons sup-
plémentaires, la correction de devoirs écrits. Ce sont là, dans
l'organisation des études, des progrès depuis longtemps récla-
més et dont la réalisation est due à notre initiative. Le bon
effet en a été sensible dans le succès de nos étudiants.

Au nombre des améliorations les plus récentes, il en est une
qu'il convient de mentionner à part.

Les vénérables fondateurs de notre Université, en organisant
cette année un cours de droit civil à l'usage des aspirants au
doctorat, ont heureusement complété la création du même genre
dont la science du droit romain avait été l'objet. Une égale faveur

a accueilli cette innovation et la précédente. Les jeunes gens puisent en effet dans des leçons approfondies le goût des savantes
recherches. Ils acquièrent en même temps l'ampleur de la doctrine grâce aux idées d'ensemble qui leur sont présentées. La
matière des *droits réels* sera exposée cette année. Il a paru plus
digne d'un enseignement élevé d'épuiser un sujet fécond mais
unique, que de disséminer les explications sur des difficultés
d'examen, curieuses à élucider sans doute, mais n'offrant point
entre elles un lien suffisant de cohésion.

En terminant cet exposé, qu'il nous soit permis d'énoncer la
leçon morale qui s'en dégage. A la vue des résultats qui ont
été atteints, en présence de cette activité réglée et féconde, on
peut le dire avec une modeste fierté : l'enseignement libre a
fait ses preuves. Ces preuves resteront comme un gage de
l'avenir qu'il mérite, c'est-à-dire qu'il obtiendra tôt ou tard.
D'autres l'ont affirmé avec une autorité supérieure à la nôtre.
De hautes approbations nous ont été données hors de nos rangs.
Des hommes, qui ont le droit de parler au nom de la science,
des maîtres qui sont justes parce qu'ils sont forts, ont salué notre avènement et encouragé nos débuts. Pour ne parler que des
morts, payons un tribut de reconnaissance à l'un d'eux sur lequel la tombe se fermait il y a un an à peine. Il était venu, il
nous en souvient, honorer nos distributions de prix de sa présence, et nous ne saurions oublier que, dans une cérémonie du
même genre, lisant le rapport officiel au nom d'une grande Faculté, il constata l'heureux fonctionnement du jury mixte et l'inanité des craintes qu'il avait inspirées[1]. Des témoignages comme
ceux de M. Bonnier flattent moins encore notre amour-propre
qu'ils n'arment nos courages et ne fortifient nos cœurs. Au demeurant, que pouvons-nous craindre ? Dieu, qui a voué son Église
à une vie militante, ne nous permettra pas de jouir du repos
sans avoir combattu. Nous suivrons notre Mère, nous le savons,
sur la route de l'épreuve. Fions-nous à elle ! elle nous enveloppera dans son triomphe après nous avoir associés à ses dangers.

1. Voir la *Gazette des Tribunaux*, 3 août 1877.

22917. — PARIS, TYPOGRAPHIE A. LAHURE.

9, Rue de Fleurus, 9.

www.ingramcontent.com/pod-product-compliance
Lightning Source LLC
Chambersburg PA
CBHW070746280326
41934CB00011B/2812